AF392180

* 9 7 8 9 9 4 8 8 0 1 2 6 9 *

فاصلة، نقطتان..

(مختارات شعرية)

شيخة المطيري

فاصلة، نقطتان..

(مختارات شعرية)

إصدارات دائرة الثقافة، حكومة الشارقة 2023 م

الناشر: دائرة الثقافة ـ حكومة الشارقة ـ الإمارات العربية المتحدة

الهاتف: 5123333 6 971+

البرّاق: 5123303 6 971+

الموقع الإليكتروني: www.sdc.gov.ae

البريد الإليكتروني: sdc@sdc.gov.ae

الطبعة الأولى 2023

‫ـــــــــــــــــــــــــ‬

811.9535

م ش . ف   المطيري، شيخة

فاصلة، نقطتان ../ شيخة المطيري .ـ الشارقة، الإمارات العربية المتحدة : دائرة الثقافة، 2023.

56 ص ؛ 21x14 سم.

1. الشعر العربي ـ الامارات العربية المتحدة ـ دواوين وقصائد

أ. العنوان

ISBN: 978-9948-801-26-9

شيخة المطيري

شـــاعرة المغامرة

الشاعرة الإماراتية شيخة المطيري، لديها مشروعٌ شعريٌّ مفتوح على الاتجاهات الإبداعية كافة، فهي تمسك بطرف التفرد في الكلمة، وتَنمو وتَتجدّد مع كل قصيدة جديدة تكتبها، حيث يكشف معجمها الشعري عن سياقاتها الفنية وخواصها البارزة، في توضيح معالم تجربتها التي تلتحم بنموذج خاص في شعر المرأة الخليجية، فهي تطوف في هذه المجموعة الشعرية المختارة بعناية «فاصلة، نقطتان» بين جوانب شتى تتماس مع واقعٍ يجترح المغامرة، ويؤكد الخصوصية، ويتعدد في جوانبه الفاعلة في التأثير بقوة في المشهد الشعري الأنثوي، فهي بطبيعة الحال تضفي لوناً من الإيقاع العميق في بنية الصورة، وتعدد الشكل الموسيقي، فعمدت إلى اختيار مجموعة من الأبحر في

خطواتها الموضوعية، والتزمت بهذا النسق الممتع، وجعلت القارئ يقف أمام نتائج فارقة، وهي تضع إمكاناتها الفنية من رسم بالكلمات ونحت بالخيال ونغم بالموسيقى، في بناء صورتها الشعرية التي تظل في مرتبة عالية، تقترن بحكاياتها الأنثوية التي تعبر عن شاعرات الإمارات اللواتي أسعدن المشهد الشعري وأغنينه بالدهشة، ليتفجر هذا الينبوع في حياتنا الثقافية فينشر الاخضرار، ويزف الكلمة الراقية إلى الحدث الشعري بجهد لا يتوفر إلا لدى الشواعر الموهوبات ضمن مشروع مضمخ بعطر خاص، يرهف للمشاعر الإنسانية، والمواقف الحياتية، ويتماسّ مع تجاربَ عملاقةٍ في واقعنا الأدبي، فقد خاطبت الشاعر الفلسطيني محمود درويش في إحدى قصائدها، وكذلك الشاعر العراقي بدر شاكر السياب، وهو نوع من التشكيل البصري في حركة الموسيقى وتوظيف الإبداع الشعري، بقيم أصيلةٍ أوْلتْها اهتماماً خاصاً في مراحل تأمُّلها الدقيق المندمج مع تأثيراتها الدلالية.

لقد حقق مشروعُ شيخة المطيري الشعريّ بنموذجه الخاص، حراكاً محسوساً بما يمتلك أدواراً غير نمطية، فهي تطرح قضاياها باعتزاز شفيف، وعبرت في آنٍ عن انتمائها الوطني في مستويات شعرية متعددة، أبرزت

حيويتها في تشكيل عناصر صورها التي تكسبها المطيري جمالاً آخر في الحديث عن الوطن ورموزه الكبيرة، بنبل وحس صادق في كل مظاهره الخطابية فتقول:

وعلى أبوظبْيٍ رأيت يمامةً
غيماً وأحلاماً ونفح خزامى
فتفتحت كالورد من أكمامها
آمالُ من يرجو السلام وِساما
مذ قال زايدُ إنّ في أوطاننا
خيراً فصار لشـعبه إلهاما

إنّ شيخة المطيري التي يكرّمُها مهرجان الشارقة للشعر العربي في دورته الحالية، شاعرة تمتلك فضاءً شعريّاً يتنفس في كل الجهات، وقد حققت الكثير من المكاسب، فهي فازت بجائزة الشارقة لإبداعات المرأة الخليجية، وحصلت على المركز الأول في مجال الشعر، فضلاً عن أنها تُعَدّ أول شاعرة تحصل على المركز الثاني في تاريخ مسابقة «أمير الشعراء»، واستحقت أن تنال تكريم جائزة الشارقة للشعر العربي في دورتها 11».

محمد عبدالله البريكي
مدير بيت الشعر

غريبان في لوحةِ الأضداد

رفعتُ كفَّ حنينِ العمـرِ يا مددي

وكيـفَ يُرفـعُ مكسورٌ بـلا عمدِ

قـد كنـت مبتدأ الأشيـاء حيـن بَدا

يلـفّ أخبـارَه بالضـمِّ والعُقـدِ

ولسـت أدري متى أصبحت جملته

لكنّـه جمـعَ الأضـدادَ بيـن يـدي

وقـال لا تُعربـي أحلامَنـا فكفـى

الحالمـونَ ضميـرٌ غيـر مفتقـدِ

الحالمـون وأنـت الآن قَطْـر ندىً

يسـيل نَوْرَسـةً حـوراءَ فاجتَهدي

مُـرّي على لغـةِ الأعـرابِ قافيةً

أو اسْمحي لي قرأتُ اللّام ياء يَدي

مُرّي على لُغـةِ الأعـراب قافلةً

عودي إلى المبتدا إن شئتِ وابتَعِدي

وبَـدِّدِي غيمـةً كانـت سَـتمطرنا

كوني ليَ البرق في الأنواءِ واتَّقدي

أنا الغريبُ الذي تَرعى جمال دمي

بواديَيـنِ أيـا مـوْءودَةَ الكبـدِ

إنـي هنــاك مُـذْ شَـتّتوا حُلُمي

فالجِسـمُ فـي بلـدٍ والرُّوح في بلدِ

فيـا غَريبـةَ أيّامـي ويـا سَـكَني

ضِدّانِ أنتِ أريحي العُمْرَ واتّحدي

***

سَفَر

يُسـافِر بي حُزنٌ ويَرجعُ بي حُزنُ

مَطــارات عُمري لم تعُدْ بعدهُ تحنو

جَلَسْــتُ علــى غَيمِ السماءِ وحيدةً

أنــوءُ بأمطاري وأصـرُخُ يا مُزْنُ

وكان كِتــابٌ ما علــى ضِفَّةِ الهَوى

يُفتِّــحُ أكمــامَ المطارات كـي أدنُو

ولكنّــه قــدْ بــاعَ جِلْـدَ عُيونِنـا

فصِرْنــا بلا عَيْنينِ لا قَلْـبُ لا أذْنُ

وأذّن فــي العِيـرِ البعيدةِ صوتُـه

فقامـتْ تُصلي خلفَ أسرابِهِ عينُ

أيــا مَــن تَجلَّى في غِياب سَــمائِهِ
فليْتَـكَ مـا أوهَمْتَنــي أنَّـك الأمـنُ

أيــا مَــن تَجَلَّــى هَا أنـا بَعـدُ بَعده
يســافرُ بي حزنٌ ويَرجع بي حزنُ

***

درويش

إلى قرية البروة في الجليل..
محمود درويش بعد أن حن إلى خبز أمه

حَدِّثيني عن لحظةِ الزيتون

عن سلالاتِ مائِنا والطينِ

عن بيوتِ الذين كانوا ورَاحوا

كيفَ أضحتْ أسماؤُهم تُبكيني

دَثِّريني بالياسَمينِ مِراراً

أنا قلبٌ معقَّدُ التّكوينِ

ساعديني لأن أعودَ صغيراً

سابحاً في فضائهِ بجنونِ

راكبـاً زورقَ الرِّفـاقِ سـعيداً

ليـس تُبْكيـه هَمْسَـة الزّيزَفونِ

إنَّنـي الخبزُ فـي صَباحاتِ أمّي

إنني البُـنُّ تعرفينَ حنيني

فازرَعـي حَقْلِـيَ اليتيـمَ غنـاءً

وضعـي شـالَها بِوسْـطِ جبيني

كوِّرينـي كأنَّني مَحَـضُ ظَنٍّ

وانثُريني في سـاحةٍ مـن يقينِ

أين أمي؟ دِرْويشُـها مات شَوْقاً

سَـكبوا بُنّها بسِـجنِ الظّنونِ

إنهـم كالغبـارِ في ذيـلِ حربٍ

إنّ أمّــي جيَـشٌ مِـنَ النّسـرينِ

وإذا كــانَ للـصـبـاحـاتِ أمٌّ

ســتـعودُ الـحـياةُ للياسـمينِ

***

غَيمةُ السَّياب

بي غيمةٌ لكنّها
كانت تخاف من المطرْ

يجتاحها بردُ الخُرافةِ
منذُ أن مدّت لعرّافٍ يديها

مذ حَدّقَ العرّاف
في خطّين من ماءٍ ونارْ

وَغَفَتْ على رأسي
وأيقظها النهارْ

وبقيتُ أحْمِلُ فوق رأسي الماءَ
والأمطارْ

ثم أظما والبلادُ يعُمُّها مَطرٌ غزيرُ
إلّا أناي وغيمتي
قلبٌ من النجوى كسيرُ
أيمرُّ بي مطرٌ

ويروي غيمتي
لتصاب بالسّيّاب
من بـعد الذهولْ

أيمرُّ بي عصفورُ درويش
ونرحلُ للخليلِ
أيمر بي وجهُ النخيلْ

أحتاجُ أن أبكي
على كَتِفِ القصيدةِ
أن أقول لها

خُذيني
عَلِّمي مَطَرِي الهُطُولْ

غَيْمي تجرَّدَ من مياهِ البوحِ
جَفَّفَه الرّحيلْ

بي غيمةٌ
ترتاحُ مني الآن
تولدُ مِن تفاصيلي
ومِن دمعِ انتظاري

ستَمُرُّ مِن روحي
لتصبح أمَّ مَن لا يملكون محَاجراً
تَبكي
وتمنحهم بُكائِي

إني عيون المتعبينْ
إني البكاءْ

أحتاجني
مطراً شهيَّ الصمت
أروي ما تجمد من ألمْ

بي غيمةٌ

ما عُدت أعرفها

تخاف من اكتناز الماءِ

ثم تعود تسألني

ألي حق البكاء

ثم تخاف ثانيةً

إذا حان الشتاءْ

لك ما يشاءُ الشعرُ

والعمْر الوحيد

وقهوةٌ تَلِذُ المسَاءْ

لك أنت وحدك

أن تعودي غيمةً

فابكي طويلاً

ثم غَنّي

نحنُ ما شئنَا

وإن الحبَّ شَاءْ

***

الأمل

ضوءٌ نمــا بينَ العيونِ تســامى

فتوضـــأتْ لغةُ الـكَلامِ سَـلامَا

ضــوءٌ يخَطُّ عَلى مَلامِح عُمرنا

أمـلاً يزيـح عـن الحيـاة لِثَامَا

ويعيـدُ للأيّـامِ تَمْـر يقينِنـا

وحنينُ ظِـلِّ الباسـقاتِ تَرَامَى

والنورُ يَسري في مدائنِ رُوحنا

فعـلامَ يأسرنا الظلامُ عَلامَا

هـذا أميـرُ الشّـعرِ يَكتـبُ أنّنَا

بالشّـعرِ نَرسُـمُ حُلمنا البسّـامَا

ونضيءُ أطرافَ الحَديثِ بِشِعرِنا

ونكــون بالكلماتِ خيــر نَدامى

نستنطقُ النّخل المصافح صبحَنا

ونبــوحُ تَاريخــاً يفيــض حمَامَا

بالأبيضِ المنسَــاب من أشعَارِنا

نمحُــو ظـلامَ الليـل والآلامَــا

وعلـى أبوظْبـي رأيتُ يمامةً

غيماً وأحلامـاً ونفـحَ خُزَامى

فتفتحـتْ كالـوردِ مِن أكمَامِها

آمالُ من يَرجو السّلام وِساما

مـذ قـال زايـد إن فـي أوطاننِا

خيـراً فصـارَ لشـعبِه إلهامَـا

وطـنُ المحبـة والأمانـي كُلها

وطـنُ الكرامـةِ واسـأل الأيامَـا

***

يقول البحر

في رثاء الشيخ خليفة بن زايد رحمه الله

أُلَملِمُ كسْرَه فيفيضُ كسرَا

وَأَمسـحُ دمعةً فتنوحُ أُخرى

يتمتمُ في ذِهـولٍ ليسَ يدري

بـأيِّ عبارةٍ ينبيـكَ أمـرَا

يقـولُ البَحر قلـتُ وما دهَاه

يقـولُ وبحرنا مـا عادَ بحرا

تَكَسَّـرَ مَاؤُه فوق الشـواطي

ونورسةُ الرحيلِ تصيحُ جمرا

فؤادُ الأرضِ في قلقٍ يُصلي

ونوحُ الروحِ في المدّ استقرّا

لقد رحـلَ الأمان إلـى أمانٍ

إلى مَـولَاهُ يـا ربّـاهُ صَبرَا

(يعزّ عليَّ حينَ أديرُ عيني)

وأكتبُ في الغيابِ الآنَ شِعرَا

إلى الرحمـنِ يا وَطنـاً عَليّاً

ويا مَن كانَ للإحسـانِ سِدرا

قضـاءُ الله ليسَ لنا اعتراضٌ

سـتبقى بيننَا وتطيبُ ذكَرَا

***

أخفي الهموم

أخفــي الهمــومَ وهـذا الدّمـعُ فضّـاحُ

بــلْ كيفَ أصبرُ والأحبــابُ قد راحُوا

يلـوحُ فـوقَ سـما أشـعارِنا قمرٌ

يبكـي الفـراقَ وأهـل الودِّ مـا لاحُوا

يـا صاحبـيَّ وفـي قلبيكُمَـا بـرَدٌ

وبيــن جنبـيَّ سـيفُ الهـمِّ سفّـاحُ

أيـن الصبـاح الـذي قـد كانَ يجمعُنا

شـذى يضوعُ وعطرُ الشـوقِ فوّاحُ

بَكـتْ مواويلُنـا فاضـتْ قصائدُنا

تلاطمـتْ في بحـارِ اللَّيـل أشـباحُ

وضاقَ صدرُ الفضا إن غبت عن وطني
لا حضــن غيــركَ يُؤويـنـي فأرتــاحُ
يا ليلــةَ الشـوقِ رفقاً فاضَ بي ألمي
وطــالَ همّـي.. أمــا لليـلِ إصبــاحُ
يا ليلة الشــوقِ قـد غابُوا ومــا علمُوا
صمتُ العيونِ التـي تهـواه إفصاحُ

***

بأيَّةِ حالٍ عُدت

جفّتْ على أرضٍ لقيانـا المواعِيدُ

وغـــادرتْ طيـب دنيانـا الأغاريدُ

عامـــان يا عيـد والذكـرى مؤرِّقةٌ

والوصلُ وعـدٌ وما وفّيْـتَ يا عيدُ

الراحلـون سُـوَيدا القلب مَسـكنُهم

لكـنَّ أجسـادَهُم مـن دونِهـا بِيدُ

وكلّ شـيءٍ بصبـح العيدِ يسـألني

أين الأحبــة؟ أضنى القلبَ تسـهيدُ

وأين مــن كانتِ الأفـراحُ تغمرها

وأيـن منها بصبـح الـورد تغريدُ

ضيّعـتَ بالبعد ما قـد كان يملؤها

ومــا لحــالٍ أســاها اليــوم تبديـدُ

مــا همَّها أن تكـونَ اليـومَ فاتِنـةً

أو أن تنافسـها فـي وصفهـا الغيدُ

تكحّـلُ العيـن همّـاً لسـت تعرفه

وكيـف يعـرف هذا الهـمَّ جُلمودُ

فـلا تلُمْهـا إذا فاضـتْ مَحاجرُها

وكيف تـسـلو ونـورُ القلـب مفقودُ

لو يعلمُ (الصادح المحكيّ) صَيّرَها

بيتـاً (بأيّـةِ حـالٍ عـدتَ يـا عيدُ)

***

أوّلُ الغيثِ .. هواك

من وحي زيارة البندقية (فينيسيا)

لِيَ رُوحٌ وراحُها أن تـراكا

وفـؤادٌ علـى النّـوى مـا سَـلاكا

وعيـونٌ مـا جفّ منها حنينٌ

سَـكَنَتْ فـي ضفافِها عينَـاكا

كـم كتبنَا عَلـى المرايـا حُروفاً:

أولُ الغيـثِ قطـرةٌ مـن هَـوَاكا

وقطفنَـا تلـك الحروف قصيـداً

وطرِبنـا لَمَّـا سَـرتْ ذكـراكا

لحظةُ الشوقِ هل سمعتَ خطاها؟

علمتنــي أنَّ السُّــرَى مســراكا

ابتعدنــا والحــزنُ نــايٌ قديــمٌ

عَـزَفَ الشّـعرَ والهَـوى غَنَّــاكا

حَملتْنـي بعـضُ النـوارسِ غرباً

مــا دَرَتْ أينمــا اتّجهْتَ حِمـاكا

وفِنِسْــيا في مِعطف البحرِ سرٌّ

خَبأتَـه الأصـداف عنـا هنَــاكا

وفِنِسْـيا في دهشـةِ الحُلْـمِ حُلْـمٌ

نورسِــيٌّ يُجامِـل الإدرَاكا

هـل تُراهَـا تهيـم مثلـي فِنِسْـيا

أنـا لَـولاك لـمْ أهـمْ لـولاكا

كيـف نـامَ الفيـروزُ بيـن يديها؟

وهـي نـامـتْ وخبّأتها يَدَاكا

فمتـى تخفـضُ الطيـورُ جناحـاً

وتطيـر الخطـى إلـى مرسَـاكا؟

عِمْـتَ حُلْمـاً يَمرّ في هدأة الشـعـ

ـر، وتأويلـهُ يكـون لقـاكا

***

غُرباء

غُربـاءُ، إنـا هاهنـا أغْـرابُ

ويـدُ الزمـانِ محابـرٌ وكتـابُ

أعصابُنـا جَفَّـتْ علـى أوراقِـه

وعَلـى القصيدةِ لا يجفُّ عذَابُ

ونديـرُ كأسَ حُروفنـا وتديرُنـا

وكأنّ أنفـاسَ الهـمـومِ شـرابُ

نَزَلَـتْ بوادي الغائِبيـنَ قصائِدي

عطشَـى وأرض الغَائبينَ يَبَابُ

مَرَّ السّرَابُ على السَّرَابُ وهَل لَنا

إلا السـرابَ مَطيّـةٌ وركـابُ

أسرجتُ خيلَ الليلِ في صحرائِهِمْ

أحْـدُو وتحـدُو خلفِـيَ الأعـرابُ

وتلـوتُ ألـفَ قصيـدةٍ وقصيدةٍ

صوتـي سـؤالٌ والغيـابُ جوابُ

آثارُهُـمْ كَتَبَـتْ: (لَقد كانـوا هنا)

فَتَلَفَّتَـتْ مـن شَـوقِها الأهـدابُ

وعدوتُ وَحْدي والتّرابُ يقول لي

إنَّ الحيـاة ولـو عَدَوْتِ تـرابُ

***

كم ظَمِئْنا..وكَم سُقينا الملاما

لـي مريضٌ بيـن الضُّلـوعِ أقامَا

وعـيـونٌ تُعاتِـبُ الأحـلامَا

وعليهـا مـن كـلّ عيـنٍ رقيبٌ

كيفَ أضحى عَنك الحديثُ حرَامَا

جئتُ والشـوق في الزوايا ينادي

يـا خليـلَ الهـوى علامَ علامَا

كمْ تغيـرتَ هَـل أتَـاك حديثٌ؟!

«أنا مِنْ بَعدِكمْ هَجَرتُ المناما»

يسكبُ الليلُ في الكؤوسِ انتظارِي

ويـذيـبُ الأحـلامَ والآلامَا

أنتمـي للمسـاءِ نجمَـا وحيـداً

يـا مسـاءَ الهـوى أرِقنـي يمامَا

فـوقَ كُرسِـيٍّ ياسَـمينٍ جلسْنَا

أنـا والعمـرُ نَرْقـبُ الأيّامَـا

وحنيـنُ الظـلالِ أرخـى دُمُوعِي

غـابَ مـن عَلَّـمَ الظـلالِ الهُياما

ذِكْريـاتُ الـوِدادِ أوتـارُ عـودٍ

أسـمـعُ الآنَ تلكـم الأنـغامَـا

ورسـولٍ مـن شـوقِنا مَلأ الشّـو

قُ حنايـاهُ فاسـتفاضَ غرامَـا

جاءَني منـك بالكتـابِ وحَيَّا

مَـا تـلاهُ مـن الحديـثِ احترامَا

ألسُـنُ الوردِ من حديثـك فاضتْ

رقّـةً وعُـذوبـةً وابتِسـامَا

قُلـتَ والـروحُ هـودجٌ للأمانـي

وحُـداءُ الـهَـوى أبـاحَ الخزامى:

أقْرِئينـي قبـل السّـلامِ الغرامَا

وأريقـي في مسـمَعَيّ المُدامَا

كلُّ حـرفٍ مكَحَّل الطَـرفِ يُبْدي

وشـم حُلْـمٍ بـدفءٍ كفيـكِ نامَا

فتعالَيْ نُقَسِّمِ العُمْرَ لَحْناً

كـمْ ظمِئْنـا وكـمْ سُـقينا المَلامَا

فامتَطَيْنـا مواسمَ الحبِّ نَزْهـو

بـك أشـدو وبـي ركبـتَ الغَمَامـا

وزَرَعْنـا كلَّ الحقـولِ حنِينـاً

والتَقينـا في ظلِّهِـنّ حمـامـا

وحْـدِيَ الآنَ والأماكِـنُ مِنّـي

هَرَبَـتْ لـم تعُـدْ لِروحـي مقامَا

وتنـامُ الحروفُ بعدكَ إنـي

بيـن عينيكِ أسـتعيدُ الكَـلَامَا

***

يدي تخط على البحر حديثها

يَــدي مِــنَ البحـرِ تَدنـو ثـمَ تَبتَعِدُ

والأُمنِيــاتُ على مَــوْجِ الهوى زَبَدُ

إنّــي افتقدتُ بهـذا اللّيـلِ بَوصَلَتي

وأنــتَ يا بحرُ مَـنْ ـ باللهِ ـ تَفْتَقِدُ

وحْــدي أرَتّـبُ أمــواجَ الخليجِ هنا

حــانَ الرحيـلُ فتّبّتُ للرّحيـلِ يدُ

مرّوا سِــرَاعاً كأنَّ الوقـتَ جامَلَني

بوصلهِـمْ، فعقيمُ الوقـتِ لا يلـدُ

أيَسْــهَرُ الرّمـلُ مِثْلي في غيابِهِمُ

أيصبـرُ الرّملُ مِثلي هل لَـه جَلَدُ؟

وواحةٌ فوقَ وجهي لسـت تبصرهَا

أهدابُهـا سَـعَفٌ من دمعِها وردُوا

ورَدَّدوا مـن حُـداء الهَجرِ قافيـةً

يا بَحرُ بَلّلْ بريق الوصلِ مَن وعدُوا

***

دمعة المشتاق

لا صـوتَ غير الريـح في أعماقي

فأدرْ كؤوسَ الوصلِ يا ذا الساقي

لَفَّتْ على سَـاق الفـراقِ قصائدي

جَرّبْت معنى السـاق فوق السـاقِ

جَرَّبتَ معنـى أن تكـونَ وفيّهـا؟

وتكـون وحـدكَ أنت أنت الباقي

مخطوطـةٌ مجهولـةٌ وحدي هنـا

يـا مـن يرمِّـمُ بالمنـى أورَاقي

كلّ الذيـن حسبتهمْ أهـلاً لنـا

هـم مـن أذاقُونـا اللّظـى بِفِـرَاقِ

جَهَّزتُ مــن قبل الرحيـلِ رحالهمْ
وَحـدوتُ قبـل تفـرقِ العشَّــاقِ

وَضعُــوا أصابعهــمْ بــآذان الهَوَى
صَمّــوا ومــا عَلِموا عمَــى أحداقي

هم غادروا والريحُ تمسـح خطوَهم
وأنــا انحـدرتُ كدمعـةِ المشْـتاقِ

***

سيبحرون

سيُبحرونَ ولي منفـايَ لي غرقِي

ويتركونَ على شاطي الهوى قَلَقِي

أنـا يدُ الموجِ لكـنْ لسـتُ أملِكُني

سيُبحرونَ ولن يبقى سِوى أرقِي

سأستفيقُ علـى رمـلٍ يحاصرُني

يعيدنـي كُلّمَـا بي باعدتْ طُرقِي

وسـوف تبقى معي ريـحٌ تذكِّرُني

أنـي بقيتُ ووحدي لا سِـوايَ بقي

وحدي سـأمنحُ نجماتِ السّـما ألقاً

وهـل سيُقنع نجماتِ السّـما ألقِي

سـيُبْحِرون وقالـوا أنـت وجهتنـا
وطوَّقـوا بالأمانـي سـاحةَ العُنُـق

وأنـت خارطـةٌ أُولـى لمقْصَدنـا
وأنـت أوّلُ رسـمٍ في الهـوا فثِقِي

سـيَرحَلون ويَبقى كلُّ مـا كتبـوا
والبحـرُ أصـدقُ إنباءً مـن الوَرَق

***

مَن عَلَّمَ الحُزْن

مَنْ عَلَّمَ الحُزن أن لا يَطرُق البَابا

أتـى وكنتُ أحنّي بعضَ ما شَـابَا

شـابتْ ذوائبُ أعصابي فأنكَرَني

لـونُ الحيـاةِ وسَـدَّ الشـعرُ أبوابَا

وراجعَتْنـي لُغـاتٌ فـي مَعاجِمها

لا كنت جـذراً ولا فصلاً ولا بابَا

ودوَّنَتْني نصوصٌ فـي مَراجِعها

وبيـن أقواسِـها أسـكنتُ أعتَابَا

لا لي بذا النحو إعرابٌ سيذكرني

مـن قالَ إن لِشِـبْهِ النّـاس إعرابَا

لا شَــيْءَ يُشـبِهُنـي إلا خُـرافَتـه

حتّـى خُرافَتـه لـم تَبْـدُ مُـذْ غابَا

لو كنتَ فظّاً غليظَ الشـعرِ يا قلمي

لكنتَ أقرب مـن يدعون أصحَابَا

تَغَيَّرَ الناسُ، ما لِلناسِ في زمني؟

ما لِلأحبةِ صاروا اليوم أغرابَا؟

مَـن عَلَّمَ الحُـزن يا عينَـيّ أن لَه

حقاً بعينـيَّ أجفاناً وأهـدابَا

***

بوصلة

أسرجتُ بوصلَتـي فتهتُ

ورسمتُ خارِطتي فضعتُ

وَظَـنـنـتُ أنـي قـد ذهـب

ـتُ إليـكَ لكنـي رجعـتُ

بل كيـفَ يبدأ بـي الطريـ

ـق وكنتُ منـه أنا انتهيتُ

زادي وجـــوه أحبـتـي

وأنـا بـهـذا الزاد عشــتُ

كـلّ الـدروب طـويـلـة

وأنـا بعينيـكَ اختصرتُ

دربـــاً عـــلـــيـك يـدلُّنـي

شـــوقاً يقول أنـــا وصلتُ

وأتـيـت أكتـبُ عـن تفـا

صيـلِ الحيـاةِ فمـا عرفتُ

مـــا لـي أرانـي كُـلـمـا

يممتُ نحـوك قـد بعدتُ

ولكـم تمنيـتُ الصعو

دَ إليـك لكنـي نـزلتُ

***

فهرس